六字大明咒的修法與功德

常念這六字真言，能證悟本有的菩提心，而覺悟體淨，
除煩惱而知相空，斷除一切污染，具足一切功德，
能離習欲，除我執，悟真如，生歡喜心，證淨果。

張弓長 編著

出版者的話

獻上一點點

新意和心意

佛學博大精深，佛理究竟圓融，而佛法更是「自覺覺他，自度度人」的最佳法門。

憨山大師說：「捨人道無以立佛法」。我們信佛、禮佛、學佛，最重要的，要有一顆正信的「心」，須先把「人」做好，然後，始可入「佛」。所以，太虛大師也說：「人成即佛成」，想必就是這個道理。

如何的去調攝我們的這顆「心」？古代的大德說：「深入經藏

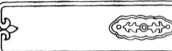

，智慧如海」，透過經藏以調心和攝心，進而得到「般若」（妙智慧），唯有智慧，才能解決人生的根本問題。

然則，佛學之經籍，就量言，浩如瀚海；就質言，博大深奧。如何著手？怎樣入門？實為學者所惶惑。本雅集有鑑及此，為使佛學大眾化、生活化、普及化、實用化，自一九六八年草創以來，致力於各類佛學叢書的編輯，「以佛法淨化人間，以佛學美化人生，以佛理度化人心，以佛道變化人性」期許，不分宗派，大乘小乘、顯宗密教，以至於食衣住行，凡裨益於大眾身、心的著作，皆在出版之列，藉此盡一個學佛人和出版者的棉薄之力。我們祈願大家一起來互切互磋，共學共勉，齊享般若法味，同證無上菩提！

菩薩戒優婆塞
學佛老玩童 張弓長（心佛居士）合十

佛曆二五四二年仲春重識於
「學佛雅集」之思過小築

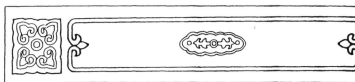

目錄

本文

附錄

唵嘛呢叭咪吽

oṃ mani padme huṃ

什麼是六字大明咒

六字大明咒，又稱「六字眞言」、「六字大明神咒」，它是由六個音節所組成，即唵嘛呢叭咪吽，讀音爲oom ma net beh meh hone，這些音節分別代表五部心義，唵字代表佛字心，嘛呢代表寶部心，叭咪代表蓮花部心，吽字代表金剛部心，合四部心而成清淨不染如蓮花的事業，那就是羯摩部心。

因此，這一眞心就是總括五部心義。

在藏傳佛教中，佛教徒認爲常念這六字眞言，能證悟本有的菩提心，而覺悟體淨，除煩惱而知相空，斷除一切污染，具足一切功德，能離習欲，除我執，悟眞如，生歡喜心，證淨果，奉六字大明咒爲藏密無上的「眞寶言」。常念它可免輪迴地獄，死後升入極樂世界。

唵嘛呢叭咪吽的含義

唵嘛呢叭咪吽，稱爲六字大明咒，又稱六字眞言。它是梵文的譯音，又譯作嗡嘛呢叭彌吽，或唵摩呢叭彌吽、唵嘛呢叭咪吽等。

佛經中說：若人誦念大明咒，是人日日圓滿六度萬行，可消滅身、口、意三惡業，讓身、心無罣礙，而獲致大解脫、大自在。

唵由阿（a）烏（u）莽（ma）三字合成。阿爲菩提心，諸法門、無二、諸法果、性、自在等意，也爲法身之義。烏爲報身之義，莽爲化身之義，合三字共爲唵字，攝義無邊，爲一切眞言（咒、陀羅尼）之首。

嘛呢：乃言佛法之堅利，與無所不具。

叭咪：乃言蓮花，形容智慧、清淨、圓滿。

吽：又作䛛，是諸天之總種子。此字原出於牛、虎之吼聲。吽字由賀（訶）、阿、污、麼四字合成，爲一切如來菩提心之種子，皆從此生。

唵嘛呢叭咪吽的來由

在久遠久遠的過去，觀世音菩薩是阿彌陀佛的傑出門弟子，他曾發下大願說：

「我要盡我的形壽，遍度一切衆生，如果有一衆未能得度，我發誓不取正覺，我如在衆生未度盡之前，捨棄此一宏願，我的頭腦將碎裂爲千片。」

隨後，觀世音菩薩悲智雙運，顯現諸多化身，度化無數衆生。然而衆生太多，而其困厄、苦多、災難多，眞是無以計數，在生死之中，苦痛仍無法豁免，觀世音菩薩思念及此，遂起退轉之心，當下他的頭腦即裂成千片，就像千葉蓮花一樣。

這時候，阿彌陀佛即時出現，勸慰觀世音菩薩，並道出眞言：「唵嘛呢叭咪吽」。觀世音菩薩聽聞之後，即得大智慧、大徹悟，益加盡力度世，而普受世人敬仰、膜拜。

唵嘛呢叭咪吽與西藏的密教

唵嘛呢叭咪吽是梵語om mani padme hum。又作唵摩呢叭彌吽、唵麼抳訥吽、唵摩尼鉢頭迷銘吽。意爲「歸依蓮華上之摩尼珠」，即西藏佛教徒向蓮華手菩薩（梵 Padmapani）祈求未來往生極樂之時，所唱之六字明咒。西藏佛教徒相信此菩薩在極樂世界之蓮臺救濟祈禱者，令出離生死，故不問僧俗，盛行口唱此明咒。據西藏古來之傳說，約西元四世紀左右，有一袷陀朵嘌思顏贊王，曾由天上得到四寶，四寶之一即爲六字明咒。又西藏觀音經摩尼伽步婆，以詩讚歎此六字明咒之功德，稱其爲智慧、解脫、救濟、快樂之本源。即人若一度唱六字明咒中之唵（om）字，其功德能斷死後流轉於天界之途；唱嘛（ma）字，能免輪迴於惡鬼所住之修羅道；唱呢（ni）字，離再受生於人間界之厄；唱叭（pad）字，令人能遠離輪迴畜生道之災難；唱（me）字，能脫沉淪於餓鬼道之苦；唱吽（hum）字，能免於死後墮入地獄道之苦。又描出唵字以白色表示天上界，嘛字以青色表示修羅道，呢字以黃色表示人間界，叭字以綠色表示畜生道，咪字以紅色表示餓鬼道，吽字以黑色表示地獄。又不單口唱此明咒始有功德，即著之於身，或持於手，或藏於家，亦得生死解脫之因。西藏人多書此六字明咒於長布片等，藏於經筒中，稱爲法輪；一般以手自轉，或依風車、水車之力使之旋轉，稱爲轉法輪。並認爲旋轉法輪之功德得以了脫生死輪迴之苦。最大之法輪，書有十億之明咒。又西藏境內所見門戶飄揚之旗旆，即爲此六字明咒，路旁所建之碑亦是，可見其尊信六字明咒之情形。

唵・嘛呢・叭咪・吽的精義

十四世達賴喇嘛

一九八一年達賴喇嘛訪問美國時，行程中曾在紐澤西州的卡爾梅克城蒙古佛教中心，就六字大明咒「唵嘛呢叭咪吽」，作精要的闡釋。

達賴喇嘛所說的大意是：

持誦六字大明咒，有很大的利益。然而，在念誦的時候，必須要深思咒文的含義，因為這六個字裡有極偉大、極深遠的意義。

第一個唵（OM）字是由A、U與M三個音節所構成，它象徵修行人的染污之身（身體）、語（言語）、意（意念），同時，也代表佛陀、清淨的身語意。

將眾生污染的身、語、意，淨化為清淨的身語意，先要有修持、覺悟、解脫的功夫。所以要致力於接下來的四個字去努力，嘛呢（Mani

）是「珠寶」，它是清淨法門的要素，這個法門便利他的心意變成覺悟、慈悲和關愛。珠寶則解除貧窮，覺悟利他，也可以化解苦厄，使生命不再輪迴。

叭咪（Padme）這兩字是「蓮花」的意思，蓮花象徵智慧，它出污泥而不染，智慧可使人不致迷惘，而這種智慧是解脫宇宙人生的空性之意。

方便和智慧是達到清淨的不二法門。

吽（hum）是阿閦佛的神學字。它是不動、不變、不可能受到干擾的意思。

總之唵嘛呢叭咪吽（om mani padme hum）這六個字的意思是，依據方便和智門的不二法，致力於修行，你可以將你染污的身、語、意，轉化成佛陀清淨而如法的身、語、意。

成佛不是向外求，因爲衆生都有佛性，都有清淨的種子。都有如來，因之，努力以赴，必可成佛。

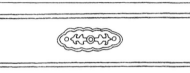

六字真言法要

班禪大師講
戴季陶記

民國廿年六月，請護國宣化廣慧大師班禪講六字眞言於寶華山之護國聖化隆昌寺，僧俗與會聽法者四百餘人。大師於先一日潔身淨慮，著法服，陳十供，阿彌陀佛、釋迦牟尼佛、觀世音菩薩，及其本宗初祖宗喀巴大師，行其本宗所傳瑜伽正法，凡一晝夜，不寢不食，虔誠之情，爲內地說法者所未有。時至整容正衣於佛殿；禮拜已，始登座持諸種加持眞言，而後演說法要曰：

昔觀世音菩薩爲阿彌陀佛之高弟，具足諸行、等解萬法等慈衆生，發大誓曰：「盡我形壽，遍度一切衆生，若有一衆生不得度者，我誓不取正覺。若我於衆生未盡度之時，自棄此宏誓者，則我之腦裂爲千片。」發此誓已，專心極意悲智雙運，現諸神變，應境行化，度脫衆生。如是經無量劫，其所度脫之衆生，盡恆河沙所不能計。而環顧世間衆生，生者無量，而愚癡墮落，受諸痛苦；造諸惡業者，亦復無量；輪迴不已，則衆生之苦終不能絕。於是菩薩生大憂惱，謂：「衆生之苦，乃與衆生之生以俱來；世間既存，苦何能已？苦若不已，度豈能盡？昔年之誓，是徒自苦，而於衆生亦無有益；無益之行，何必堅持？」此退轉心甫生，而應誓之相已現，菩薩之腦，忽然自裂千片，猶如千葉蓮花；而大慈大悲救苦救難無始劫來度人無量之阿彌陀佛，則自現身於菩薩之腦中，發慈悲音，而謂菩薩曰：「善哉觀世音！宏誓不可棄，棄誓爲大惡；昔所造諸善，一切皆成妄。汝但勤精進，誓願必成就。三世共十方，一切佛菩薩，必定加護汝，助汝功成就。」又說眞言曰：

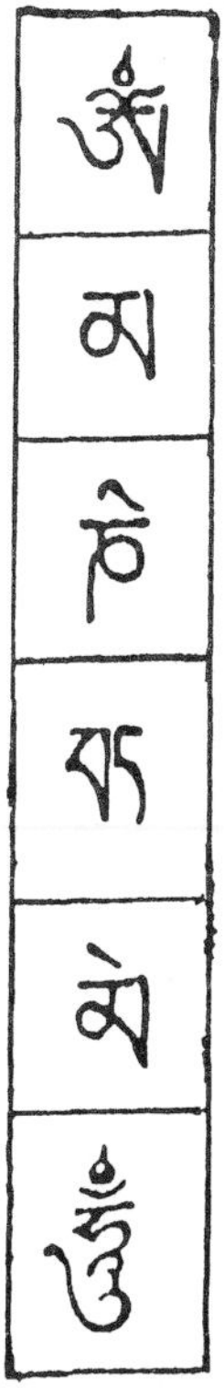

唵 oom
嘛 ma
呢 net
叭 beh
咪 meh
吽 hone

觀世音菩薩聞此眞言已，得大智慧，生大覺悟，願順尊旨，勤加努力，堅持舊誓，永不退轉；至於今日，仍在行法度世，而爲世人所尊仰。其大慈大悲救苦救難廣大靈感之偉力，蓋成就於是時。故阿彌陀佛與觀世音菩薩實爲唯一，無有二致。觀世音菩薩之心，即阿彌陀佛之心；觀世音菩薩之力，即阿彌陀佛之力。念此六字眞言者，即是念觀世音菩薩，即是念阿彌陀佛，亦即是念十方三世一切諸佛。然此不可空念也；念此眞言者，有一最要之法門，此法門不入，則念之千萬，終無有益。法門者何？「瑜伽」是也。蓋人之於法，必有三體；以此三體而造三業，然後諸法得以成就。三體云者，「身、口、意」是也。一切諸法賴身而行，一切諸法賴口而傳，一切諸法賴意而生，亦賴意而住。隨順世間因緣貪瞋癡愛諸善不善業，執持不離，是曰「不淨業」。捨離諸妄，住心於無所住，行諸善法，而於善終無所得，具大智慧，生大善巧，行大方便，而復一無所執，光明寂靜，慈悲平等，度脫衆生，超生死流，至涅槃岸；如是行，如是言，如是念者，是曰「淨業」。如是念，即是如是言行；如是言，則必如是念，如是行；一刹那間，三業等俱不可分離，不可差別者，是曰「瑜伽」。修心瑜伽如如成就者，是曰「瑜伽三昧」，諸佛功德皆由此生。非如是者，必是妄計妄執，諸善功德皆不成就。是以念六字眞言者，須知如何是觀世音菩薩之「身」？如何是菩薩之「口」？如何是菩薩之「意」？菩薩之所行所言所憶念者，皆能如實知、知實觀、如實照。而自己之所行、所言、所憶念者，必須與菩薩等無有二，然後乃可謂爲「一心直指，即身成佛」。如是念者，乃爲淨業相應成就；非如此者，不得爲六字眞言行者也。

此理既明，而後可進而講眞言之字義。「唵」者：三業相應之表現也。合則一聲，統攝萬法。究其字源，已可略悉；蓋唵字之源，由於梵字之「阿哦嗎」三音。此三音有其三字，而三字之義，則統攝萬端；「放之則彌於六合，卷之則退藏於密」之義，略可彷佛。吾人爲佛弟子者，於誦念一切經之前，不至心誠意念三歸三結乎？此一「唵」字，亦具此意，不念誦諸般淨業加持之眞言乎？此一「唵」字總持一切淨業加持之眞言。念此字時，佛之三體，即我之三體；我之三業，即佛之三業。光明具足，堅利具足，慈悲具足，戒具足，定具足，慧具足，一切具足，漏盡意解，不可思議也。摩尼爲寶，以喻佛法堅利之德，無所不包，無所不具；凡有所求，無不應者。略說如此，廣說不盡。「叭咪」者：梵語蓮花，以喻智慧，清淨妙潔，一切不染，如如圓滿，一切成就。合此二語，即是「金剛般若」。欲具明之，經文具在。「吽」者：諸願成就之眞言也。解以常言，即「波羅密」。「波羅密」者，諸行成就之稱也。差別言之，始於布施，成於智慧。「般若波羅密多」，實具萬德，不可量也，不可言也，不可思議也。

六字略義，詮以言詞，如是而已，欲明其「體」，則「金剛般若波羅密多」經文已詳；欲明其「相」，則「阿彌陀經」已顯其「妙」；欲知其「用」，則「妙法蓮華經」持之宜精；欲知其「行」，則毘尼諸經持之宜嚴。總之：六字眞言者，佛法之總持：在於眞實奉行，而不在於眞於詮言說理。說則萬端，理於歸一。願諸大士，聞此法者，發大乘心，普濟一切，以觀世音菩薩之本願爲本願。則今日之法會，爲不虛矣。

六字大明咒圓明觀法

諾那大師法嗣華藏傳授

六字大明咒因緣

釋迦牟尼佛住世時，有菩薩名除蓋障——八大菩薩之一，懇求釋尊傳授六字大明咒，釋尊云：「我于過去世，曾經向蓮花象王佛學習此咒。」而蓮花象王佛又從何處學習此咒耶？

原來蓮花象王佛經歷無數世界，學習此咒不得結果。及至西方極樂世界，謁見阿彌陀佛，阿彌陀佛乃請觀音菩薩傳授，當時大地震動，天雨寶華，種種神變瑞相現前。蓮花象王佛獲咒後，普度衆生，無量無數。

釋尊在過去世，未成佛之前，曾得蓮花象王佛傳授此咒，而成佛後，亦曾傳授此咒多次。惟當除蓋障菩薩請求傳授，釋尊卻云：「印度某大城中，觀音菩薩化身爲一居士，彼起止污穢，且有妻有兒，但不可輕視，彼實爲觀音菩薩化身也。」

除蓋障菩薩於是率領千二百名羅漢，詣謁居士。居士傳授六字大明咒之後，即示現種種神通變化，除蓋障菩薩以瓔珞供養居士，居士卻之云：「我不須要供養，你供養釋迦牟尼佛可也。」

南海觀音

中國周朝時代，有八百路諸侯，其一名爲妙莊王。王有一女——三公主，在浙江省普陀山對面之洛迦山出家修持。成道後，跳到普陀山，落在石崖上，有尺餘長之足跡示現，成爲後世善信瞻仰之聖跡——觀音跳。

現在中國人所崇拜之南海觀音爲女相，以前則爲男相；法身佛無形無相，無男女之分，而報身佛與應身佛則有男女之分。

觀音菩薩讚

三世諸佛無盡之功德
聖觀自在一心悉具足

度生事業遍滿虛空界
大悲導師前我頂禮讚

圓明觀法

圓明觀法，略出瑜伽唸誦：不空三藏云：「若求解脫，出離生死，作此三摩地瑜伽觀行，無記無數。」

唸著即想自心如圓月，湛然清淨，內外分明，故第一聲臍中而唸「唵」——合掌而持，乃以呼醒吾身毘盧遮那佛，亦即是呼醒空大色蘊轉成毘盧遮那佛。

第二聲東方左脇而持「嘛」字，乃以呼醒水大識蘊轉成阿閦鞞如來。

第三聲南方喉間唸「呢」字，乃以呼醒吾身地大受蘊轉成寶生佛。

第四聲西方右脇唸「叭」字，乃以呼醒無量壽佛，亦即呼醒火大想蘊轉成阿彌陀佛。

第五聲北方臍下丹田唸「咪」字，乃以呼醒吾身風大行蘊轉成不空成就佛。

第六聲上返於喉而達泥丸唸「吽」字，乃以呼醒金剛持如來或大勢至金剛。六字大明咒義理廣博，略釋如後：

咒云：

唵嘛呢叭咪吽——

㈠唵——皈依三寶
嘛呢——如意寶珠
叭咪——蓮花開敷
吽——圓滿成就

㈡唵——白光
嘛呢——消災吉祥
叭咪——清淨無畏
吽——雷聲施無畏

㈢唵——皈命

嘛呢——如意寶珠
叭咪——蓮花開敷
吽——三身、三學

(四)唵——法報化三身
嘛呢——消災吉祥
叭咪——清淨吉祥
吽——雷吼施無畏

(五)唵——生起
嘛——智寂：謂以智冥理（智理一如）
呢——寂滅無生
叭——光明圓覺：謂以慧斷障成大圓覺
咪——出生
吽——擁護

(六)唵——離障

嘛呢——離垢：是如意寶珠，光淨無染，能增長功德，無不如願成就。

叭——滿願具足，是全開蓮花；觀音菩薩感應道交如蓮花開敷，圓滿具足。

咪——除災降伏

吽——光明圓滿：謂以慧斷障成大圓覺。

又：

唵——佛部

嘛呢——寶部

叭咪——蓮花部

吽——金剛部

全體合起是爲羯摩部，亦即是事業部：觀自在菩薩微妙心印也。

(七)唵——心光圓滿

嘛呢——如意寶珠

叭咪——蓮花清淨無垢
吽——施願吼、三施無畏
(八)唵——智慧圓融
嘛呢——無垢無畏
叭咪——一塵不染
吽——災難化吉祥
(九)唵——慧光普照
嘛呢——無著無礙
叭咪——心空萬法空
吽——檀那波羅密即布施波羅密
(十)唵——以智慧光斷除煩惱障
嘛呢——如意吉祥
叭咪——心淨則佛土淨
偈云：一念心清淨，處處蓮花開，一花一淨土，一土一如來

吽——福緣善慶

(十一)唵——普安文佛

嘛——甘露王菩薩

呢——定光王菩薩

叭——自在王菩薩

咪——無量壽菩薩

吽——大力尊菩薩

以上諸王菩薩乃是阿曇佛化身，而阿曇佛即是普安文佛所化也。

(十二)唵——表天道脫離輪迴之苦

嘛——表阿修羅道脫離鬥爭之慘

呢——表人道脫離貪瞋痴慢妒五毒

叭——表畜生道脫離屠殺之痛

咪——表餓鬼道脫離飢渴之災

吽——表地獄道脫離血冰刀火之難

摧碎七情六慾，得斷六道輪迴，故云六字大明咒之功德實無量無邊也

㈢唵——能閉塞流轉天道之途；唸持此字，臨命終時，中陰身不得生天道。

嘛——能閉塞修羅道，使靈魂不得入；觀音菩薩將六道閉塞，祇餘菩提道。

呢——能閉塞人道，使離再生人道之苦；即將十道中九道（天、人、修羅、地獄、餓鬼、畜生、聲聞、緣覺、菩薩）悉皆閉塞，而餘佛道。

叭——能免畜生道輪迴之劫。

咪——能脫離沉淪餓鬼道之慘痛。

吽——能生死輪迴而不墮落地獄。

㈣唵——表天道之白色

嘛——表修羅道之青色

呢——表人道之黃色
叭——表畜生道之綠色
咪——表餓鬼道之紅色
吽——表地獄道之黑色
㈤表法有二：㈠六凡，㈡四聖
㈠以六道輪迴——六凡而言：
唵——表天道
嘛——表修羅道
呢——表人道
叭——表畜生道
咪——表餓鬼道
吽——表地獄道
六字大明咒能斷除輪迴，出三界，證聖果，此六凡之表法也。
㈡以地位而言：

唵——由菩提心發，初入十信位，由是上進。
嘛——入十住位
呢——入十行位
叭——入十迴向位
咪——入十地位
吽——入金剛乘大覺位
是以唸持六字大明咒，能超越十地，成就無上正等正覺，此四聖之表法。

㈩唸誦觀想初機成就之後，再修止觀。
唵——成白色
嘛——成紅色
呢——成黃色
叭——成綠色
咪——成藍色

吽——成黑色

六字大明咒功德

功德與世俗之福德相異，福德乃有漏，有限制者；功德則無漏，無限制也。以六祖壇經而言：平等是功，現性是德。

功德偈：

功超有漏證無漏
德轉凡心爲佛心

此謂每日均須改造人心，若不改造，則無功德，始終輪迴也。發願小者將人心改造爲羅漢心，亦有改造爲緣覺心，或菩薩心者，而無上正等覺三字遂改爲無上菩提心。

四聖甚好，仍以佛爲究竟。

唸持六字大明咒，能促使恢復自性蓮花，如蓮花處水不染，此喻六根六塵不染著義——如意寶珠即出現，乃能破我執，一切如意具足；然若爲六根六塵八識蓋覆，即成障礙也。

唵嘛呢叭咪吽——四臂觀音。
唵嘛呢咪吽些——千手觀音。

白普仁喇嘛傳六字大明簡法

㈠普通念誦：此咒神妙殊勝，非可言喻。無論男女老幼，富貴貧賤，皆可念誦；愈多愈妙，以滿十萬遍為最小限度；每次至少一百零八遍，行住坐臥皆可。須身心清淨，忌葱蒜葷腥等。又應發菩提心、大悲心，至誠皈依觀世音菩薩，心緣一境，不可散亂；久久行之，禍亂悉免，祈求無不如意。

㈡眞言觀想：觀想藏文眞言字：「唵」字白色，「嘛」字紅色，「呢」字黃色，「叭」字綠色，「咪」字藍灰色，「吽」字黑色。各各放光，分照六道衆生；所有一切罪苦，皆悉消滅清淨。如不能分觀各色，統觀白色亦可。密教主旨，須三密相應，（身體清淨，身密也；口念眞言，語密也；觀想眞言，意密也。）行之日久，自然相應；如不能如上作觀，普通念誦亦可。

㈢表法奧義：「唵」表天道，「嘛」表阿修羅道，「呢」表人道，

「叭」畜生道，「咪」表餓鬼道，「吽」表地獄道。念此六字大明，即能斷輪迴，出界，證聖果。此六凡表法奥義也。又「唵」字由菩提心發生，初入十信位，由增進。「嘛」字入住位。「呢」字入十行位。「叭」字入十回向位。「咪」入十地位。「吽」字入金剛乘，至大覺位。故念此六字，即能超十地，成無上等正覺。此四聖表法奧義也。（此眞言經文博大，奧義極多，此不過略舉一二使行者明其妙用功效，增長信心耳。）

㈣救災祈福：於所居之處，房屋宅院，分爲「東、南、西、北、中」五方每方高頂，樹旂一面，約七寸方形，上書此咒。（東方白旂，持國天王鎭護也；南方黃旂，增長天王鎭護也；西方紅旂，廣目天王鎭護也；北方綠旂，多聞天王鎭護也；中央藍旂，二十八宿及諸星宿天鎭護也。）如此鎭護旂幟，受風飄動，發揚咒力，自得諸天護持，獲福無量。

㈤消除疾病：凡疾病，皆前世種罪爲因，現前四大失調爲緣，回緣湊合，而成疾病。如能誠心誦持「六字大明神咒」，不另服藥，亦能見癒，且可漸令脫離輪迴之苦。如不斷病因，縱令目前用藥治癒，日後亦難免復發。是故有病者持六字大明，則病可癒；無病者持之，則病不生。蓋此六字大明神咒，能救世人一切病因，誠離苦得樂之無上良方也。

祈禱觀音文

聞性空時妙無比，思修頓入三摩地，無緣慈力赴群機，明月影臨千澗水，弟子某甲稽首歸命大慈悲父。觀世音菩薩，仰願他心道眼，無礙見聞，動大哀憐，冥熏加被，一者，願早斷漏結，速證無生，三業圓明，六根清淨。二者，願一聞千悟。獲大總持，具足辯才。四無礙解，凡是聖教，熏習其心，一歷耳根，永無忘失，功德智慧，莊嚴其身，根根塵塵，周遍法界。三者，願上求佛界，下度衆生，梵行早圓，三輪空寂，直至成佛，於其中間，捨身受身，常爲男子。隨佛出家，發菩提心，自利利他，行願無盡。然後，願我臨欲命終時，盡除一切諸障礙，面見彼佛阿彌陀，即得往生安樂刹，生彼國已，滿諸大願，足菩薩行，與諸衆生，皆成佛道。

無邊煩惱斷，
無量法門修，

誓願度衆生。
皆共成佛道。
十方三世一切佛。
一切菩薩摩訶薩。
摩訶般若波羅密。
南無大慈大悲廣大靈感觀世音菩薩。三稱
三拜。凡禮觀音者，先須像前跪，念讚觀世音文畢，當持大悲咒廿一遍，次當身拜口念禮觀音文，再跪念，祈禱觀音文。

唵嘛呢叭咪吽的療病

唵：可治頭部以上的病痛，如眼病、耳病、鼻病、頭痛等。

嘛：可治喉部附近諸症，如咳嗽、肩胛痛等病。

呢：可治心臟部位的疾病，如心悸、胸悶、肺臟、心臟等疾病。

叭：可治腰、腹部位之疾病。

咪：可治腸部位之疾病。

吽：可治腿、下肢上之疾病。

附錄

千手千眼法寶眞言圖

詳解

南無喝囉怛那哆囉夜耶 一

譯爲禮佛、法、僧、三寶。此是觀世音菩薩，手持念珠相。行者禮誦，應誠求菩薩感應。

南ㄋㄚˊ無ㄇㄛˊ阿ㄚ唎ㄌㄧˋ耶ㄧㄝ 二

譯爲皈命禮聖者。此是如意輪觀世音菩薩，手捧法輪相。行者持修，要依教奉行。

婆盧羯帝爍鉢囉耶 三

譯爲禮觀自在，禮觀世音，此是持鉢觀世音菩薩相。行者觀想，能令衆生獲長壽。

菩(ㄆㄨˊ)提(ㄊㄧˊ)薩(ㄙㄚˋ)埵(ㄉㄨㄛˇ)婆(ㄆㄛˊ)耶(ㄧㄝˊ) 四

譯爲禮敬自覺、覺他之菩薩。此是觀世音菩薩，現此不空羂索菩薩相。普度衆生。

譯爲禮敬大菩薩。此是觀
世音菩薩，自誦咒之本身相。
行者遵法修持，獲善解脫。

摩(ㄇㄛˊ)訶(ㄏㄜ)薩(ㄙㄚˋ)埵(ㄉㄨㄛˇ)婆(ㄆㄛˊ)耶(ㄧㄝˊ) 五

摩訶迦盧尼迦耶 六

ㄇㄛˊ ㄏㄜ ㄐㄧㄚ ㄌㄨˊ ㄋㄧˊ ㄐㄧㄚ ㄧㄝ

譯爲禮具持大悲心者。此是觀世音菩薩，現此馬鳴菩薩相。自覺自度，覺人度人。

唵ㄙ

七

譯爲一切眞言之母。此是諸鬼神王，合掌誦咒相。諸佛如來，皆觀想唵字成正覺。

薩皤囉罰曳 八

譯爲「世尊」或「聖衆」，即是「佛」。此是觀世音菩薩，現此四大天王相。以六度，化諸魔衆。

數（ㄕㄨˋ）怛（ㄉㄚˊ）那（ㄋㄨㄛˊ）怛（ㄉㄚˊ）寫（ㄒㄧㄚˋ）九

譯爲「正教」或「呪召」，即是「法」。此是觀世音菩薩，現此四大天王部落相，使改惡遷善。

南無悉吉嘌埵伊蒙阿唎耶 十

譯爲皈命禮聖者。此是觀世音菩薩，現此龍樹菩薩相。獲持行人，降伏一切魔怨。

婆(ㄆㄛˊ)盧(ㄌㄨˊ)吉(ㄐㄧˊ)帝(ㄉㄧˋ)室(ㄕˋ)佛(ㄈㄛˊ)囉(ㄌㄚˊ)楞(ㄌㄥˊ)馱(ㄊㄨㄛˊ)婆(ㄆㄛˊ) 十一

譯爲菩薩安住處。此是觀世音菩薩，現此圓滿報身盧舍那佛相。廣度無量衆生。

南(ㄋㄚˊ)無(ㄇㄛˊ)那(ㄋㄨㄛˊ)囉(ㄌㄚˊ)謹(ㄐㄧㄣˇ)墀(ㄔˊ) 十二

譯爲皈命賢愛者。此是觀世音菩薩，現此清淨法身毗盧遮那佛相。保衆生安樂。

醯(ㄒㄧ)唎(ㄌㄧˋ)摩(ㄇㄛˊ)訶(ㄏㄜ)皤(ㄅㄛˊ)哆(ㄉㄨㄛ)沙(ㄕㄚ)咩(ㄇㄧㄝ) 十三

譯爲無染著及空觀心。此是觀世音菩薩，現此羊頭神王相。獲持行人，遠離毒獸。

薩婆阿他豆輸朋 十四

譯爲「平等」及「無見取」心。此是甘露王菩薩，一手持楊枝，一手持寶瓶甘露度衆生。

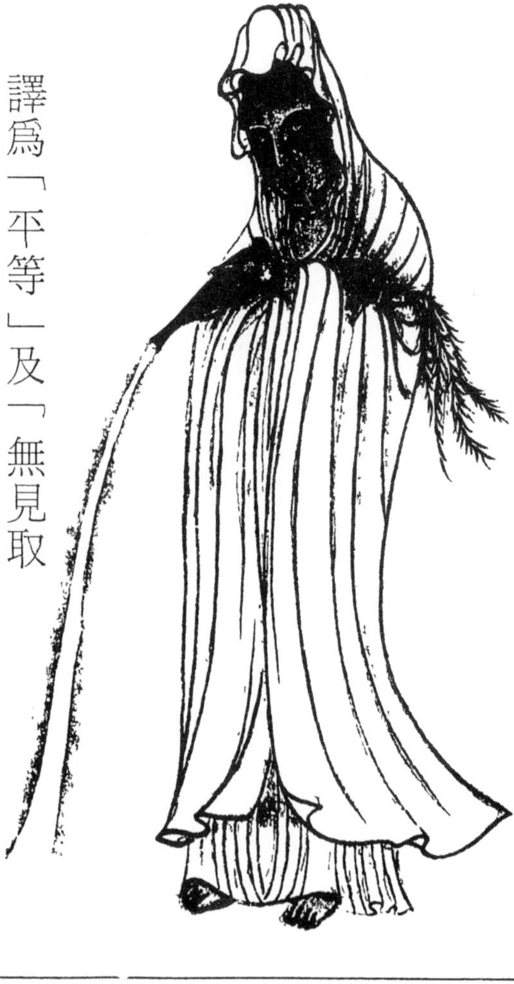

阿逝孕（ㄚ ㄕˋ ㄩㄣˋ）十五

譯爲無比「法」與「教」。此是觀世音菩薩，現此飛騰夜叉天王相。巡歷四方，勸善儆惡。

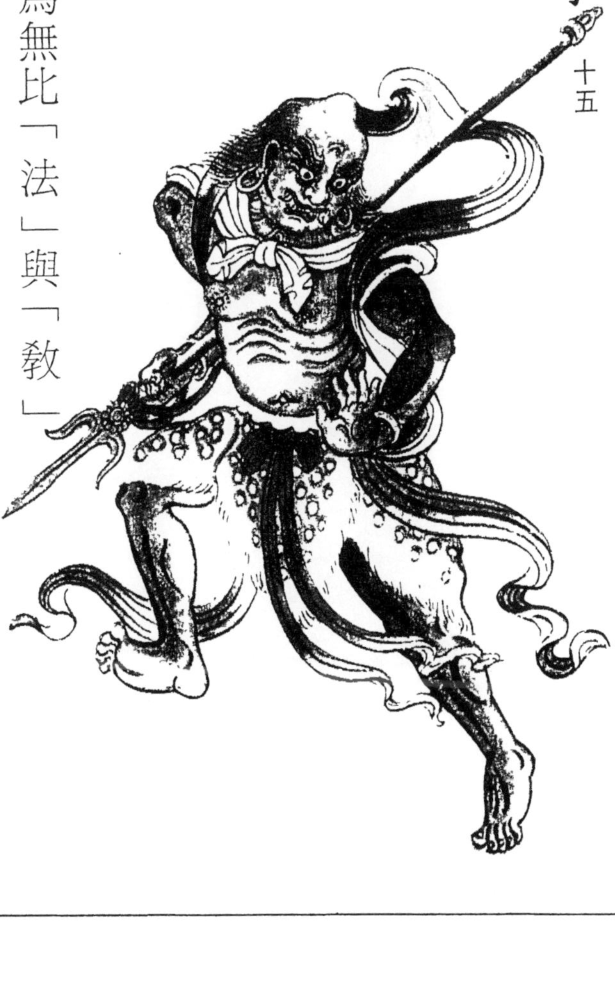

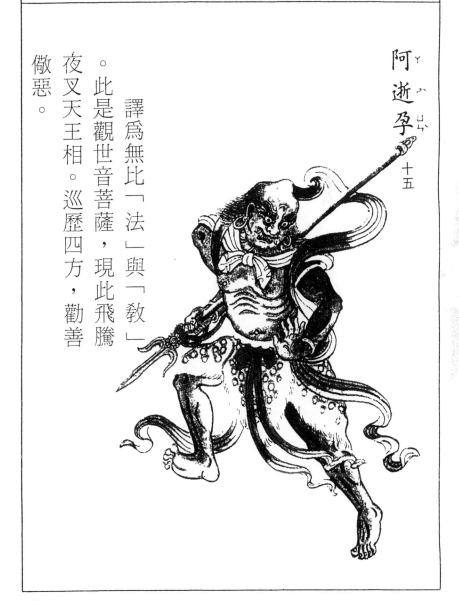

譯爲大身心菩薩，法王子。此是觀世音菩薩，現此婆伽婆帝神王相，度有緣衆生。

薩(ㄙㄚˋ)婆(ㄆㄛˊ)薩(ㄙㄚˋ)多(ㄉㄨㄛ)那(ㄋㄨㄛˊ)摩(ㄇㄛˊ)婆(ㄆㄛˊ)薩(ㄙㄚˋ)多(ㄉㄨㄛ)那(ㄋㄨㄛˊ)摩(ㄇㄛˊ)婆(ㄆㄛˊ)伽(ㄑㄧㄝˊ) 十六

摩(ㄇㄛˊ)罰(ㄈㄚˊ)特(ㄊㄜˋ)豆(ㄉㄡˋ) 十七

譯爲天親世友。此是觀世音菩薩，現此軍吒唎菩薩相。面有三眼，感化惡人向善。

怛（ㄉㄚˊ）姪（ㄓˊ）他（ㄊㄨㄛ）十八

譯爲劍語。依見證者言，即不誑語。此是觀世音菩薩，現此阿羅漢身相，說法度生。

唵阿婆盧醯 十九

譯爲金剛界陀羅尼。此是觀世音菩薩，合掌當胸，顯示無量慈悲之相。與樂拔苦。

盧ㄌㄨˊ迦ㄐㄧㄚ帝ㄉㄧˋ 二〇

譯爲世自在，或世尊。此是觀世音菩薩，現此大梵天王相。於十方世界，度脫衆生。

迦（ㄐㄧㄚ）羅（ㄌㄨㄛˊ）帝（ㄉㄧˋ） 二一

譯爲救苦難，及興道業者。此是觀世音菩薩，現此帝神相。於十方世界，愍救衆生。

夷(ㄧˊ)醯(ㄒㄧ)唎(ㄌㄧˋ) 二三

譯爲順教。此是觀世音菩薩，現此三十三天魔醯首羅天神相。率領天兵，度衆生。

摩訶菩提薩埵 二三

譯爲大道心勇猛者。此是觀世音菩薩，以清淨無我慈悲願心，感應眞實修持者。

薩(ㄙㄚˋ)婆(ㄆㄛˊ)薩(ㄙㄚˋ)婆(ㄆㄛˊ) 二四

譯爲一切利樂。此是觀世音菩薩，現此香積菩薩相。押五方鬼兵侍從，濟度衆生。

摩ㄇㄛˊ囉ㄌㄚˋ摩ㄇㄛˊ囉ㄌㄚˋ 二五

譯爲法語。此是白衣觀世音菩薩，右手持如意，左手扶兒童。顯衆生得獲長壽身。

摩ㄇㄛˊ醯ㄒㄧ摩ㄇㄛˊ醯ㄒㄧ唎ㄌㄧˋ馱ㄊㄨㄛˊ孕ㄩㄣˋ　二六

譯爲大自在，蓮華心。此是觀世音菩薩，現阿彌陀佛相。盡此一報身，同生極樂國。

俱盧俱盧羯蒙 二七

譯爲莊嚴功德。此是觀世音菩薩，現空身菩薩相。押領萬億天兵，化度無量衆生。

度盧度盧罰闍耶帝　二八

ㄉㄨˋ ㄌㄨˊ ㄉㄨˋ ㄌㄨˊ ㄈㄚˊ ㄕㄜˊ ㄧㄝˊ ㄉㄧˋ

譯爲明決淨定。此是觀世音菩薩，現此嚴峻菩薩相。押孔雀王鑾兵，降伏諸魔怨。

摩訶罰闍耶帝 二九

譯爲廣大法道。此是觀世音菩薩，現大力天將相。手持寶杵，護持衆生，精進修行。

陀(ㄊㄨㄛˊ)囉(ㄌㄚˋ)陀(ㄊㄨㄛˊ)囉(ㄌㄚˋ)三〇

譯為能總印持。此是觀世音菩薩，現丈夫身，苦修行相。使衆生，破除我執與法執。

地(ㄗㄞˋ)唎(ㄌㄧˋ)尼(ㄋㄧˊ) 三一

譯為摧開罪惡。此是觀世音菩薩，現此獅子王身相。驗人誦讀，使衆生消除災禍。

室(ㄕˋ)佛(ㄈㄛˊ)囉(ㄌㄚˋ)耶(ㄧㄝˊ) 三二

譯爲佛光朗照。此是觀世音菩薩，現此霹靂菩薩相。手執金杵，降伏諸魔及眷屬。

遮(ㄓㄜ)囉(ㄌㄚˋ)遮(ㄓㄜ)囉(ㄌㄚˋ) 三三

譯爲法雷遍空。此是觀世音菩薩，現此摧碎菩薩相。手執金輪，化度魔怨皆順教。

麼麼罰摩囉 三四

譯爲離垢。此是觀世音菩薩，現此大降魔金剛相。手把金輪，護持衆生，得大吉祥。

穆ㄇㄨˋ帝ㄉㄧˋ隸ㄌㄧˋ 三五

譯爲解脫。此是諸佛菩薩，合掌澄心，聽誦眞言之相。行者當遵此修持，證得佛果。

伊一醯丅一伊一醯丅一 三六

譯爲衆生無邊誓願度。此是觀世音菩薩，現此魔醯首羅天王相。順利感召人天。

室ㄕˋ那ㄋㄨㄛˊ室ㄕˊ那ㄋㄨㄛˇ 三七

譯爲大智宏誓。此是觀世音菩薩，現此迦那魔將天王相。化利諸天，不降人災害。

譯爲轉輪法王佛珠。此是觀世音菩薩，執持牌弩弓箭相。敬誦其眞言，得法自在。

阿囉嘇佛囉舍利

三八

罰娑罰嚩 三九

譯爲隨喜隨緣。此是觀世音菩薩，現金盔地將相，手執鈴鐘，順時順教，度人度世。

佛囉舍耶 四〇

ㄈㄛˊ ㄌㄚˋ ㄕㄜˋ ㄧㄝˊ

譯爲象教。此是阿彌陀佛相。若衆生心，憶佛念佛，現前當來，必定見佛，去佛不遠。

譯爲作法如意。此是觀世音菩薩，現此八部神王相。雙手合十，念慈悲，降伏鬼衆。

呼ㄏㄨ盧ㄌㄨ呼ㄏㄨ盧ㄌㄨ摩ㄇㄛˊ囉ㄌㄚˊ 四一

呼(ㄏㄨ)盧(ㄌㄨˊ)呼(ㄏㄨ)盧(ㄌㄨˊ)醯(ㄒㄧ)利(ㄌㄧˋ) 四二

譯爲作法無念。此是觀世音菩薩，現此四臂尊天相。手捧日月放光明，化度人天。

娑ㄙㄨㄛ囉ㄌㄚˋ娑ㄙㄨㄛ囉ㄌㄚˋ　四三

譯爲娑婆世界。爲浙江普陀山，梵音洞行者禮拜時，常見菩薩顯應，不可思議。

悉(ㄒㄧ)唎(ㄌㄧˋ)悉(ㄒㄧ)唎(ㄌㄧˋ) 四四

譯爲殊勝吉祥。此是觀世音菩薩，現慈悲面相。手執「楊枝」「淨瓶」施甘露救度衆生。

蘇(ㄙㄨ)嚧(ㄌㄨˊ)蘇(ㄙㄨ)嚧(ㄌㄨˊ) 四五

此是諸佛樹葉落聲相。或譯作甘露水。衆生得到「灌頂」「滋身」「潤心」「飽滿」四種法益。

菩(ㄆㄨˊ)提(ㄊㄧˊ)夜(ㄧㄝˋ)菩(ㄆㄨˊ)提(ㄊㄧˊ)夜(ㄧㄝˋ) 四六

譯爲覺道，覺心或所覺者。此是觀世音菩薩，身隨幼童，現慈悲面相，化利諸衆生。

菩馱夜菩馱夜 四七

譯爲知者，覺者，或能覺者。此是觀世音菩薩，現此阿難尊者相。手執度鉢，濟衆生。

彌（ㄇㄧˊ）帝（ㄉㄧˋ）唎（ㄌㄧˋ）夜（ㄧㄝˋ）　四八

譯爲大慈義。此是觀世音菩薩，現此彌勒菩薩相。指示衆生，修大悲行，獲眞覺樂。

那囉謹墀 四九

譯爲大悲義。此是觀世音菩薩，現此地藏菩薩相。開悟衆生，醒迷途執，脫惡趣苦。

地利瑟尼那 五〇

ㄉㄧˋ ㄌㄧˋ ㄙㄜˋ ㄋㄧˊ ㄋㄨㄛˊ

譯爲金剛堅利。此是觀世音菩薩，現此寶幢菩薩相。手結印，另執金叉，利度衆生。

婆夜摩那 五一

譯爲名聞十方。此是觀世音菩薩，現此金光幢菩薩相。手捧鈸折羅杵，利度衆生。

娑（ㄙㄨㄛ）婆（ㄆㄛˊ）訶（ㄏㄜ）五二

譯為息災。此是觀世音菩薩，現此三頭善聖相。跏趺艾龍，以圓寂勝義，利度衆生。

悉(ㄒㄧ)陀(ㄊㄨㄛˊ)夜(ㄧㄝˋ) 五三

譯爲一切義成。此是觀世音菩薩，現此舍利弗尊者相。結蓮手印，通達一切法門。

此是觀世音菩薩，現此恆河沙菩薩相。聳立鰲頭，無邊法海。以吉祥心情，度衆生。

娑（ㄙㄨㄛ）婆（ㄆㄛˊ）訶（ㄏㄜ）五四

摩ㄇㄛˊ訶ㄏㄜ悉ㄒㄧ陀ㄊㄨㄛˊ夜ㄧㄝˋ 五五

譯為大成就。此是觀世音菩薩，現此放光菩薩相。手持寶幡，放大光明，利度衆生。

娑婆訶 五六

此是觀世音菩薩，現此目犍連尊者相。手持錫杖，與寶鉢。以息災心情，救度衆生。

悉(ㄒㄧ)陀(ㄊㄨㄛˊ)喻(ㄩˊ)藝(ㄧˋ) 五七

譯為無為虛空。此是極樂世界，諸天菩薩，盡悉以集，深受法益。化利十方諸人天。

室(ㄕˋ)皤(ㄆㄛˊ)囉(ㄌㄚˋ)耶(ㄧㄝˊ) 五八

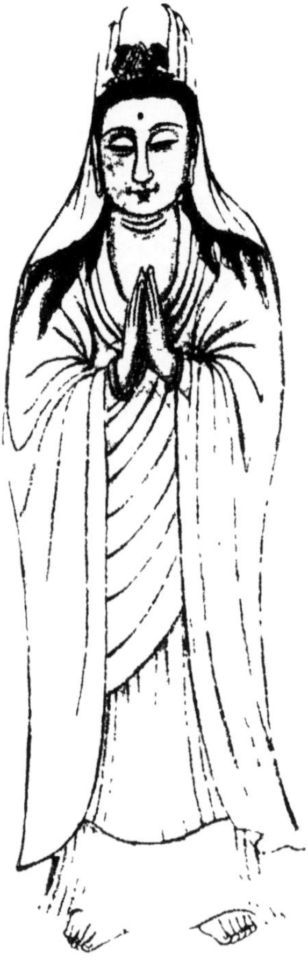

譯爲自在圓滿。此是阿彌陀佛，觀世音菩薩安息香。又爲觀世音菩薩，現天女相。

娑婆訶 五九

此是觀世音菩薩，現此阿闍那尊者現笑容相。高擎盂鉢，以增益心情，利度衆生。

那(ㄋㄨㄛˊ)囉(ㄌㄚˋ)謹(ㄐㄧㄣˇ)墀(ㄔˊ) 六〇

譯爲賢愛成就。此是觀世音菩薩，現此山海惠菩薩相。手持金劍，化導小乘聖者。

娑婆訶 六一

此是觀世音菩薩，現此旃陀羅尊者相。橫擔箬笠，以無住勝義心情，化導諸衆生。

摩ㄇㄛˊ囉ㄌㄚˋ那ㄋㄨㄛˊ囉ㄌㄚˋ 六二

譯為如意堅固。此是觀世音菩薩，現此寶印王菩薩相。手執金斧，驗眾生的心行。

娑婆訶 六三

此是觀世音菩薩，現此拘絺羅尊者相。芒鞋踏浪，發海潮音，以警覺心情度衆生。

悉(ㄒㄧ)囉(ㄌㄚˋ)僧(ㄙㄥ)阿(ㄚ)穆(ㄇㄨˋ)佉(ㄑㄩ)耶(ㄧㄝˊ) 六四

譯爲愛衆和合。此是觀世音菩薩，現此藥王菩薩相。手持藥草，行療衆生除病苦。

娑（ㄙㄨㄛ）婆（ㄆㄛˊ）訶（ㄏㄜ）

六五

此是觀世音菩薩，現此圓滿菩薩相。身著朱衣，母陀羅手。以圓滿心情，安樂衆生。

娑婆摩訶阿悉陀夜

ㄙㄨㄛ ㄆㄛˊ ㄇㄛˊ ㄏㄜ ㄚ ㄒㄧ ㄊㄨㄛˊ ㄧㄝˋ

六六

譯爲大乘法成就。此是觀世音菩薩，現此藥上菩薩相。手執寶瓶，行療衆生疾苦。

娑(ㄙㄨㄛ)婆(ㄆㄛˊ)訶(ㄏㄜ) 六七

此是觀世音菩薩，現此舍利弗尊者相。手捧眞經，以究竟勝義，化導衆生皈淨土。

者(ㄓㄜˇ)吉(ㄐㄧˊ)囉(ㄌㄨㄛˊ)阿(ㄚ)西(ㄒㄧ)陀(ㄊㄨㄛˊ)夜(ㄧㄝˋ)

六八

譯爲金剛輪。此是觀世音菩薩，現此虎喊神將相。手執鉞斧，以堅定心情，伏魔怨。

娑婆訶

六九

此是觀世音菩薩，現此諸天魔王相。手挺蛇鎗，以散去心情，化導衆生，解除怨憎。

波(ㄅㄛ)陀(ㄊㄨㄛˊ)　摩(ㄇㄛˊ)羯(ㄐㄧㄝˊ)悉(ㄒㄧ)陀(ㄊㄨㄛˊ)夜(ㄧㄝˋ)　七〇

譯爲紅蓮善勝，成就。此是觀世音菩薩，現此靈香天菩薩相。捧如意爐，護持衆生。

娑(ㄙㄨㄛ)婆(ㄆㄛˊ)訶(ㄏㄜ) 七一

此是觀世音菩薩，現此散花天菩薩相。千葉寶蓮，以成就心情，鐃益眾生得安樂。

那(ㄋㄨㄛˊ)囉(ㄌㄚˋ)謹(ㄐㄧㄣˇ)墀(ㄔˊ)皤(ㄅㄛˊ)伽(ㄑㄧㄝˊ)囉(ㄌㄚˋ)耶(ㄧㄝˊ) 七二

譯爲賢守聖尊。此是觀世音菩薩，現富樓那尊者相。手捧鉢盂，拯救衆生離災難。

娑ㄙㄨㄛ婆ㄆㄛˊ訶ㄏㄜ 七三

此是觀世音菩薩，現哆囉尼子菩薩相。手捧鮮果，施度眾生，眞實修持，知法性空。

摩婆利勝羯囉耶 七四

譯爲大勇本性。此是觀世音菩薩，現三摩禪那菩薩相。跏趺輪，掌寶燈，偏照法界。

此是觀世音菩薩，現此大迦葉尊者相。左手攜念珠，右手持禪杖，指引衆生修持。

娑婆訶 七五

ㄙㄨㄛ ㄆㄛˊ ㄏㄜ

此是觀世音菩薩，應化虛空藏菩薩相。捻花坐石，使令衆生堅定信念，勇猛精進。

南(ㄋㄚˊ)無(ㄇㄛˊ)喝(ㄏㄜˊ)囉(ㄌㄚˊ)怛(ㄉㄚˊ)那(ㄋㄨㄛˊ)哆(ㄉㄨㄛ)囉(ㄌㄚˊ)夜(ㄧㄝˋ)耶(ㄧㄝ) 七六

南(ㄋㄚˊ)無(ㄇㄛˊ)阿(ㄚ)利(ㄌㄧˋ)耶(ㄧㄝˊ) 七七

此是觀世音菩薩，應化普賢菩薩相。跏趺禪坐百寶香象，使令衆生，圓滿伊功行。

婆羅吉帝 七八

ㄆㄛˊ ㄌㄨㄛˊ ㄐㄧˊ ㄉㄧˋ

此是觀世音菩薩，應化文殊師利菩薩相。踞獅子坐，一掌指空，使令衆生都開悟。

爍皤囉夜 七九

此是觀世音菩薩，解眼根受色，千葉金蓮相。使眾生斷「眼根」「色塵」虛妄，見自性空。

娑(ㄙㄨㄛ)婆(ㄆㄛˊ)訶(ㄏㄜ) 八〇

此是觀世音菩薩，解耳分別聲，垂金色臂相。使衆生斷「耳根」「聲塵」虛妄，聞自性空。

唵（ㄥˋ）悉（ㄒㄧ）殿（ㄉㄧㄢˋ）都（ㄉㄨ） 八一

此是觀世音菩薩，解鼻齅諸香，開五輪指相。使衆生斷「鼻根」「香塵」虛妄，覺自性空。

漫（ㄇㄢ）多（ㄉㄨㄛ）囉（ㄌㄚ） 八二

此是觀世音菩薩，解舌嗜於味，兜羅緜手相。

使衆生斷「舌根」「味塵」虛妄，覺自性空。

跋ㄅㄚˊ陀ㄊㄨㄛˊ耶ㄧㄝˊ 八三

此是觀世音菩薩，手捧香鉢，解貪受諸觸相。使衆生斷「身根」「觸塵」虛妄，覺自性空。

娑婆訶 八四

ㄙㄨㄛ ㄆㄛˊ ㄏㄜ

此是觀世音菩薩，手持長幡，解分別諸法相。使眾生斷「意根」「法塵」虛妄，知自性空。

妙法蓮華經觀世音菩薩普門品

姚秦三藏法師鳩摩羅什譯

爾時無盡意菩薩。即從座起。偏袒右肩。合掌向佛。而作是言。世尊。觀世音菩薩以何因緣。名觀世音。佛告無盡意菩薩。

善男子。若有無量百千萬億衆生。受諸苦惱。聞是觀世音菩薩。一心稱名。觀世音菩薩。卽時觀其音聲。皆得解脫。若有持是觀世音菩薩名者。設入大火。火不能燒。由是菩薩威神力故。若爲大水所漂，稱其名號，即得淺處，若有百千萬億眾生，為求金銀、瑠璃，硨磲瑪瑙，珊瑚琥珀，真珠等寶，入於大海，假使黑風吹其船舫，漂墮羅剎鬼國，其中若有乃至一人稱觀世音菩薩名者，是諸人等，皆得解脫羅剎之難。以是因緣。名觀世音。若復有人。臨當被害。稱觀世音菩薩名者。彼所執刀杖。尋段段壞。而得解脫。若三千大千國土。滿中夜叉羅剎。欲來惱人。聞其稱觀世音菩薩名者。是諸惡鬼。尚不能以惡眼視之。況復加害。設復有人。
若有罪。若無罪。杻械枷鎖。檢繫其身。稱
觀世音菩薩名者。皆悉斷壞。即得解脫。
若三千大千國土。滿中怨賊。有一商主。
將諸商人。齎持重寶。經過險路。其中一

人作是唱言。諸善男子。勿得恐怖。汝等應當一心稱觀世音菩薩名號。是菩薩能以無畏。施於眾生。汝等若稱名者。於此怨賊。當得解脫。眾商人聞。俱發聲言。南無觀世音菩薩。稱其名故。即得解脫。

無盡意。觀世音菩薩摩訶薩威神之力。巍巍如是。若有眾生多於淫欲。常念恭敬觀世音菩薩。便得離欲。若多瞋恚。常念恭敬觀世音菩薩。便得離瞋。若多愚癡。常念恭敬觀世音菩薩。便得離癡。無盡意。觀世音菩薩。有如是等大威神力。
多所饒益。是故眾生。常應心念。若有女
人。設欲求男。禮拜供養觀世音菩薩。便
生福德智慧之男。設欲求女。便生端正
有相之女。宿植德本。眾人愛敬。無盡意。

觀世音菩薩。有如是力。若有眾生。恭敬
禮拜觀世音菩薩。福不唐捐。是故眾生。
皆應受持觀世音菩薩名號。無盡意。若
有人受持六十二億恆河沙菩薩名字。
復盡形供養飲食。衣服。臥具。醫藥。於汝

意云何。是善男子。善女人。功德多不。無
盡意言。甚多。世尊。佛言。若復有人受持
觀世音菩薩名號。乃至一時禮拜供養。
是二人福。正等無異。於百千萬億劫不
可窮盡。無盡意。受持觀世音菩薩名號。

得如是無量無邊福德之利。無盡意菩
薩白佛言。世尊。觀世音菩薩。云何遊此
娑婆世界。云何而爲衆生說法。方便之
力。其事云何。佛告無盡意菩薩。善男子。
若有國土衆生。應以佛身得度者。觀世

音菩薩。卽現佛身而爲說法。應以辟支
佛身得度者。卽現辟支佛身而爲說法。
應以聲聞身得度者。卽現聲聞身而爲
說法。應以梵王身得度者。卽現梵王身
而爲說法。應以帝釋身得度者。卽現帝

釋身而爲說法。應以自在天身得度者。
即現自在天身而爲說法。應以大自在
天身得度者。即現大自在天身而爲說
法。應以天大將軍身得度者。即現天大
將軍身而爲說法。應以毗沙門身得度

者。即現毗沙門身而爲說法。應以小王身得度者。即現小王身而爲說法。應以長者身得度者。即現長者身而爲說法。應以居士身得度者。即現居士身而爲說法。應以宰官身得度者。即現宰官身

而爲說法。應以婆羅門身得度者。即現
婆羅門身而爲說法。應以比丘。比丘尼。
優婆塞。優婆夷身得度者。即現比丘。比丘
丘尼。優婆塞。優婆夷身而爲說法。應以
長者。居士。宰官。婆羅門。婦女身得度者。

即現婦女身而爲說法。應以童男。童女身得度者。即現童男童女身而爲說法。應以天龍。夜叉。乾闥婆。阿修羅。迦樓羅。緊那羅。摩睺羅伽。人非人等身得度者。即皆現之而爲說法。應以執金剛神得度者。卽現執金剛神而爲說法。無盡意。是觀世音菩薩成就如是功德。以種種形。遊諸國土。度脫衆生。是故汝等。應當一心供養觀世音菩薩。是觀世音菩薩摩訶薩。於怖畏急難之中。能施無畏。是故此娑婆世界。皆號之為施無畏者。無盡意菩薩。白佛言。世尊。我今當供養觀世音菩薩。即解頸眾寶珠瓔珞。價值百千兩金。而以與之。作是言。仁者受此法施。珍寶瓔珞。時觀世音菩薩不肯受之。

無盡意復白觀世音菩薩言仁者愍我等故受此瓔珞爾時佛告觀世音菩薩當愍此無盡意菩薩及四眾天龍夜叉乾闥婆阿修羅迦樓羅緊那羅摩睺羅伽人非人等故受是瓔珞即時觀世音

菩薩。愍諸四眾。及於天龍。人非人等。受
其瓔珞。分作二分。一分奉釋迦牟尼佛。
一分奉多寶佛塔。無盡意。觀世音菩薩。
有如是自在神力。遊於娑婆世界。爾時
無盡意菩薩。以偈問曰。

世尊妙相具
佛子何因緣
具足妙相尊
汝聽觀音行
弘誓深如海

我今重問彼
名爲觀世音
偈答無盡意
善應諸方所
歷劫不思議

侍多千億佛　發大清淨願
我爲汝略說　聞名及見身
心念不空過　能滅諸有苦
假使興害意　推落大火坑
念彼觀音力　火坑變成池

或漂流巨海
念彼觀音力
或在須彌峯
念彼觀音力
或被惡人逐

龍魚諸鬼難
波浪不能沒
爲人所推墮
如日虛空住
墮落金剛山

念彼觀音力
或值怨賊繞
念彼觀音力
或遭王難苦
念彼觀音力

不能損一毛
各執刀加害
咸即起慈心
臨刑欲壽終
刀尋段段壞

或囚禁枷鎖
念彼觀音力
咒詛諸毒藥
念彼觀音力
或遇惡羅剎

手足被杻械
釋然得解脫
所欲害身者
還著於本人
毒龍諸鬼等

念彼觀音力
若惡獸圍繞
念彼觀音力
蚖蛇及蝮蠍
念彼觀音力

時悉不敢害
利牙爪可怖
疾走無邊方
氣毒煙火然
尋聲自回去

雲雷鼓掣電
念彼觀音力
眾生被困厄
觀音妙智力
具足神通力

降雹澍大雨
應時得消散
無量苦逼身
能救世間苦
廣修智方便

十方諸國土
種種諸惡趣
生老病死苦
眞觀清淨觀
悲觀及慈觀

無剎不現身
地獄鬼畜生
以漸悉令滅
廣大智慧觀
常願常瞻仰

無垢清淨光　慧日破諸暗
能伏災風火　普明照世間
悲體戒雷震　慈意妙大雲
澍甘露法雨　滅除煩惱燄
諍訟經官處　怖畏軍陣中

念彼觀音力　眾怨悉退散
妙音觀世音　梵音海潮音
勝彼世間音　是故須常念
念念勿生疑　觀世音淨聖
於苦惱死厄　能爲作依怙

具一切功德　慈眼視眾生
福聚海無量　是故應頂禮

爾時持地菩薩即從座起前白佛言世尊若有眾生聞是觀世音菩薩品自在之業普門示現神通力者當知是人功

德不少。佛說是普門品時。眾中八萬四千眾生。皆發無等等阿耨多羅三藐三菩提心。

妙法蓮華經觀世音菩薩普門品

觀音靈感眞言（三徧）

唵嘛呢叭彌吽。麻曷倪牙納。積都特巴
達。積特些納。微達哩葛。薩而斡而塔。卜
哩悉塔葛。納補囉納納。納卜哩。丟忒班納。
捺麻盧吉。說囉耶。娑訶。

千處祈求千處現
苦海常作渡人舟

觀世音菩薩應化妙相

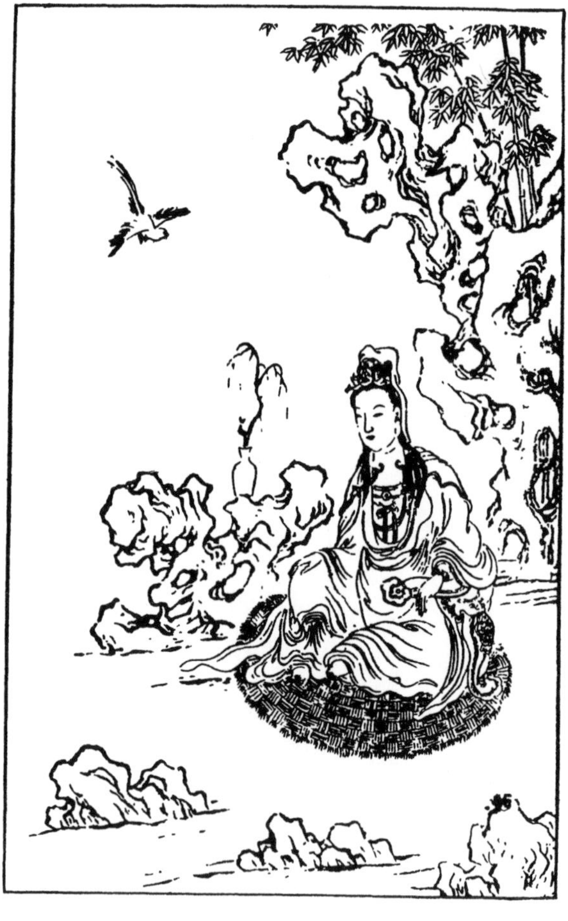

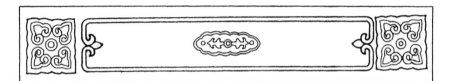

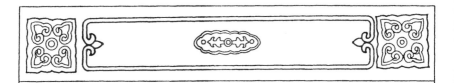

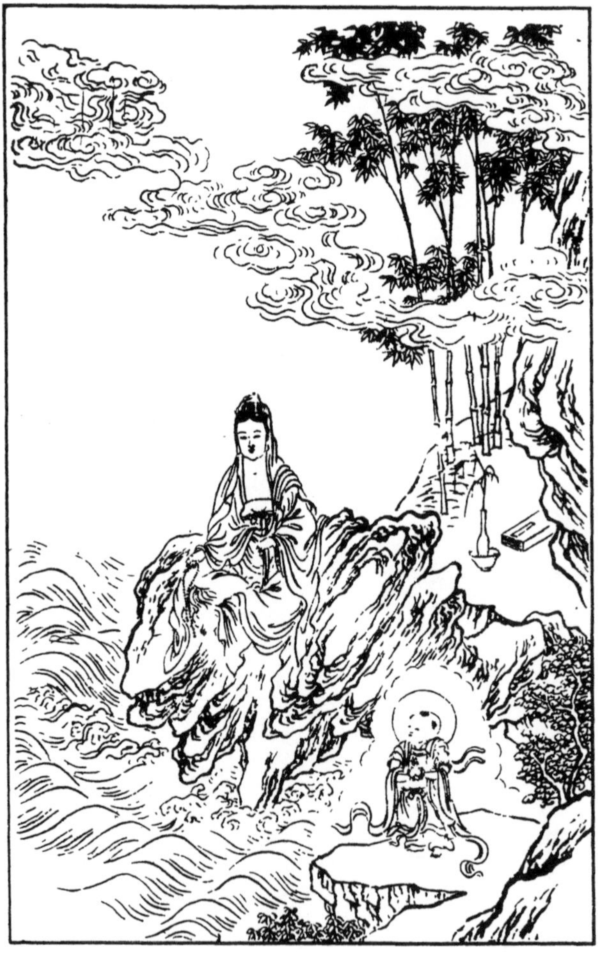

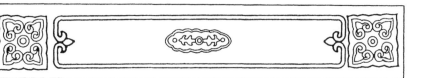

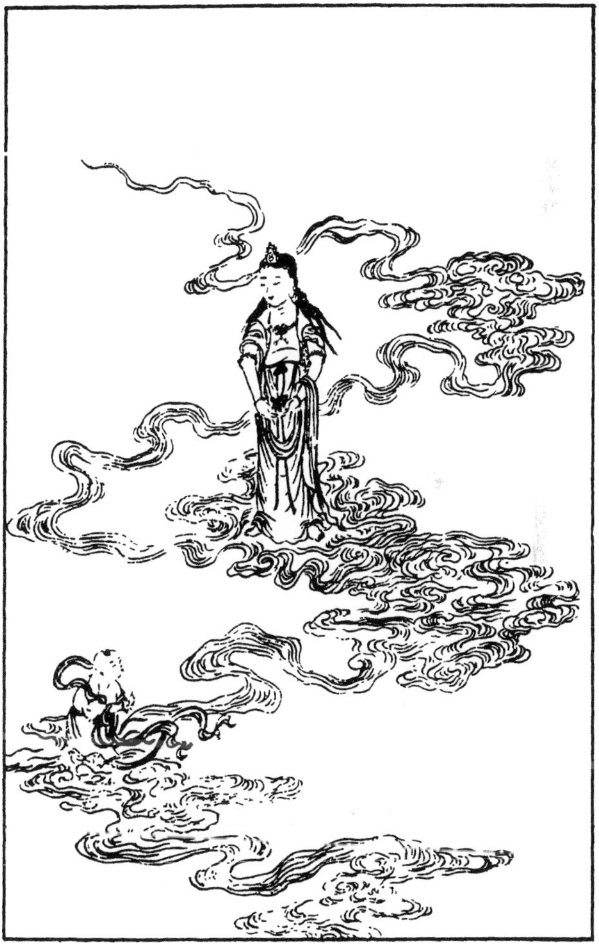

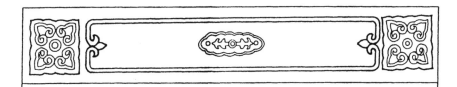

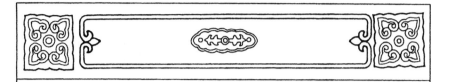

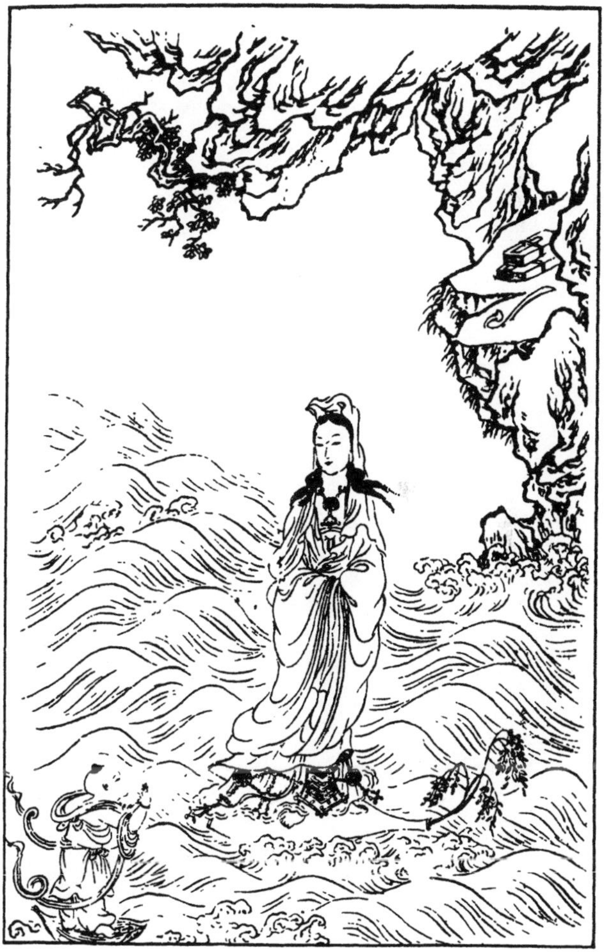

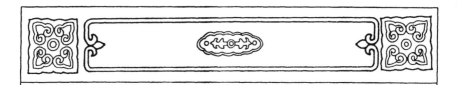

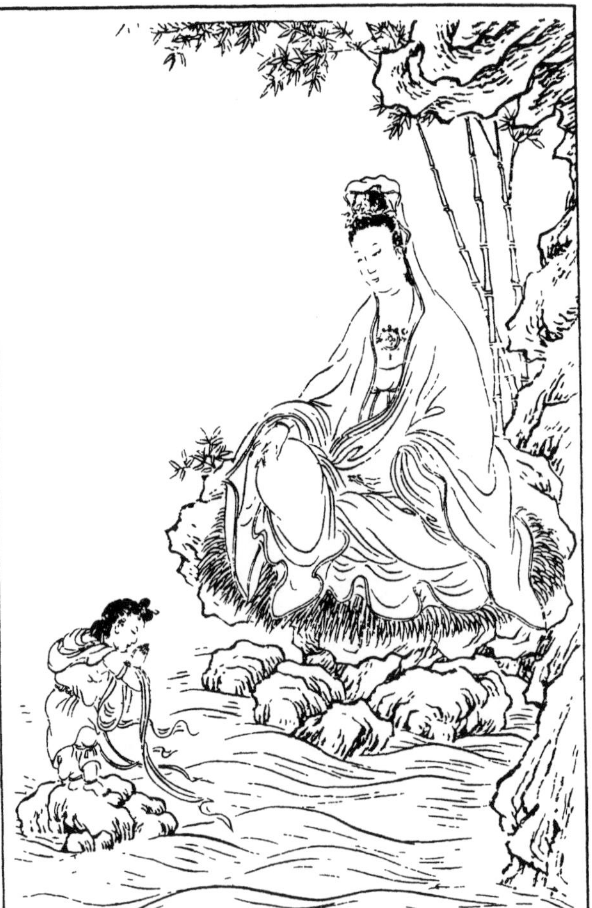

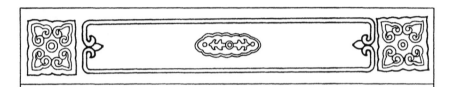

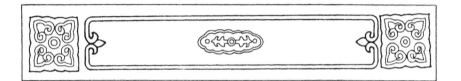

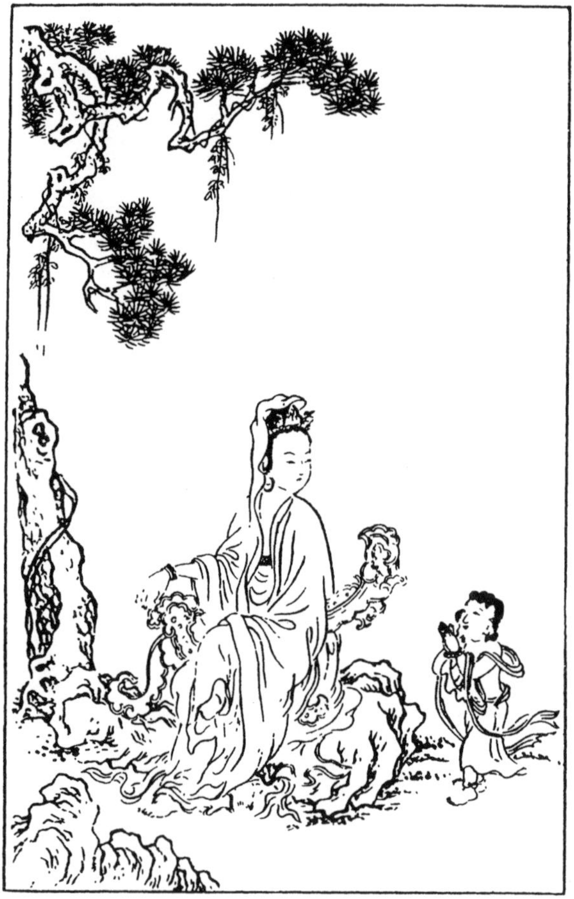

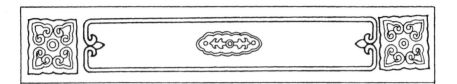

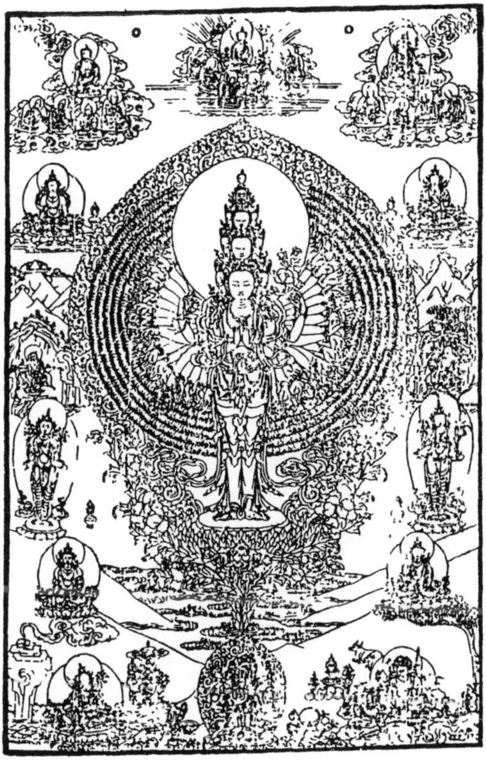

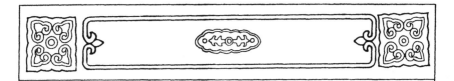

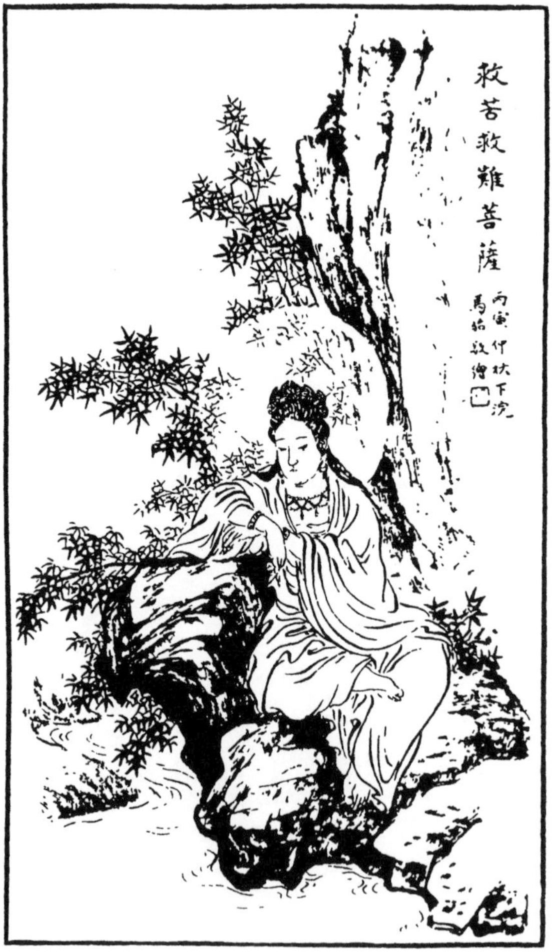
救苦救難菩薩
丙寅仲秋下浣
馬駘敬繪

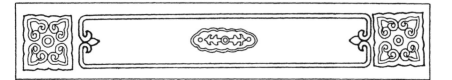

李龍眠

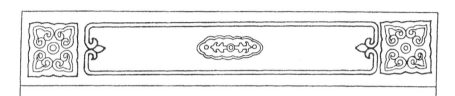

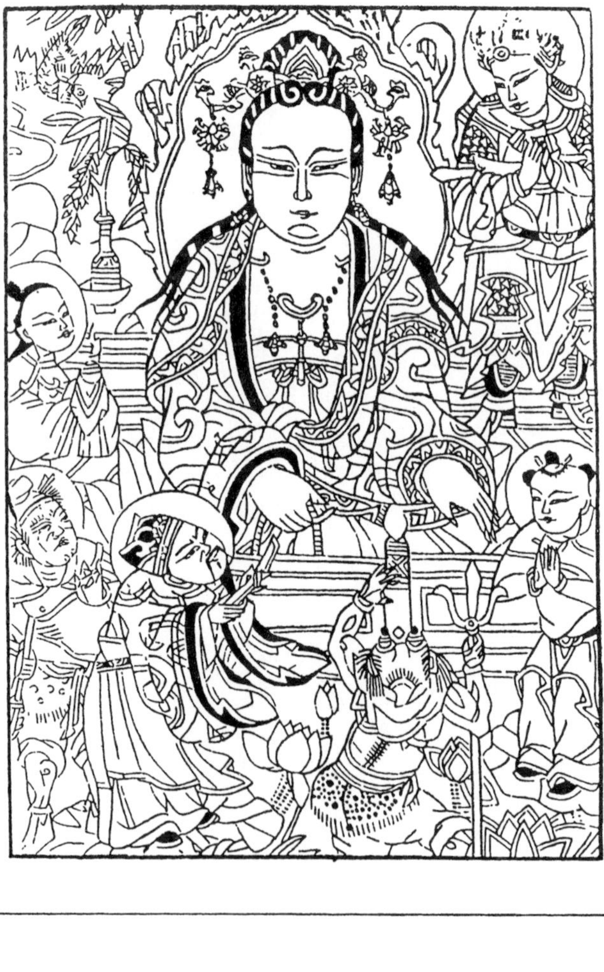

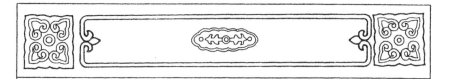

觀音菩薩治病真言

唵　啤嚕納崎　煎都喜好　秘沙嗎靴哈（木）　煎都崎悲些那

打　啤那鴉　梭哈

（按：此咒宜默唸，至「靴哈（木）」二字，稍用力唸。）

國家圖書館出版品預行編目資料

六字大明咒的修法與功德／張弓長編著. -- 初版. --
新北市：華夏出版有限公司, 2024.08
面；　公分. --（圓明書房；069）
ISBN 978-626-7393-83-3（平裝）
1.CST：藏傳佛教 2.CST：佛教修持

226.966　113007711

圓明書房 069
六字大明咒的修法與功德

編　著　張弓長
出　版　華夏出版有限公司
220 新北市板橋區縣民大道 3 段 93 巷 30 弄 25 號 1 樓
電話：02-32343788　傳真：02-22234544
E-mail：pftwsdom@ms7.hinet.net
印　刷　百通科技股份有限公司
電話：02-86926066 傳真：02-86926016
總經銷　貿騰發賣股份有限公司
新北市 235 中和區立德街 136 號 6 樓
電話：02-82275988　傳真：02-82275989
網址：www.namode.com
版　次　2024 年 8 月初版一刷
特　價　新臺幣 340 元（缺頁或破損的書，請寄回更換）

ISBN：978-626-7393-83-3